A FESTA ENCANTADA DE LUA

NO VALE DOS UNICÓRNIOS VIVEM SERES SUPERESPECIAIS.

ESTA É A CRISTAL. ELA É MISTERIOSA.

JÁ DIAMANTE É SONHADORA E VIVE COM A CABEÇA NO MUNDO DA LUA...

...E ESMERALDA ADORA SE PRODUZIR. ELA É MUITO VAIDOSA.

LUA É UM DRAGÃO FÊMEA QUE PROTEGE O VALE DOS UNICÓRNIOS.

ALI TAMBÉM VIVE PLUTÃO, QUE É TODO ATRAPALHADO.

JÁ RUBI É UMA UNICÓRNIO MUITO LIGADA À NATUREZA.

SOL É UM DRAGÃO. ELE É O ARTEIRO DA TURMA. E É IRMÃO DE LUA.

E, POR FIM, AQUI ESTÁ APOLO, O MAIS CURIOSO DE TODOS.

TODOS ELES SÃO MELHORES AMIGOS. TODOS OS DIAS, ELES ENCONTRAM UMA NOVA AVENTURA.

ELES TAMBÉM TÊM PODERES E HABILIDADES ESPECIAIS, DIVIDINDO FUNÇÕES IMPORTANTES NO REINO.

ESMERALDA APROVEITOU O DIA ENSOLARADO
PARA COLHER FLORES NO CAMPO.

ESTAVA CHEGANDO O DIA DO ANIVERSÁRIO DE LUA, E TODOS ESTAVAM MUITO ANIMADOS!

PLUTÃO PLANEJAVA FAZER UMA APRESENTAÇÃO NO GRANDE DIA.

“O ANIVERSÁRIO DE LUA É A DATA MAIS IMPORTANTE DO REINO”, DISSE RUBI.

SOL FICOU ENCARREGADO DE CUIDAR DE TODOS OS PREPARATIVOS OFICIAIS, MAS OS AMIGOS VÃO AJUDÁ-LO.

APOLO VAI COLHER AS FRUTAS MAIS DOCES E MÁGICAS PARA SERVIR AOS CONVIDADOS.

CRISTAL JÁ ESTÁ PENSANDO NOS ENFEITES QUE VÃO DEIXAR A NOITE AINDA MAIS ENCANTADA!

DIAMANTE VAI AJUDÁ-LA. ELA TEM ÓTIMAS IDEIAS!

ESMERALDA ESTÁ SUPEREMPOLGADA! É ELA QUEM VAI DEIXAR AS AMIGAS MAIS BONITAS PARA A FESTA.

MESMO NO GRANDE DIA, LUA NÃO DEIXA DE CUMPRIR SEUS AFAZERES NO REINO.

"APOSTO QUE SEREI O UNICÓRNIO MAIS ELEGANTE DE TODOS", DISSE PLUTÃO.

RUBI DEU RISADA DO AMIGO. ELA TAMBÉM QUERIA ESTAR LINDA PARA A COMEMORAÇÃO.

PORÉM, SOL ESTAVA PREOCUPADO. ELE NÃO CONSEGUIRIA ENTREGAR TODOS OS CONVITES A TEMPO!

"NÃO SE PREOCUPE, EU VOU AJUDÁ-LO", DISSE APOLO. ELE É MUITO VELOZ!

CRISTAL TAMBÉM QUER AJUDAR. ELA VAI ENTREGAR OS ENVELOPES ÀS CRIATURAS DA FLORESTA.

“NÃO SE PREOCUPEM. EU CUIDO DO RESTO POR AQUI”, DISSE DIAMANTE.

ESMERALDA A AJUDOU A CRIAR LINDOS ARRANJOS DE FLORES PARA DEIXAR O SALÃO BEM COLORIDO.

LUA ESTÁ COMPLETANDO MIL E QUINHENTOS ANOS!
OS DRAGÕES NÃO ENVELHECEM.

PLUTÃO JÁ VAI COMEÇAR A PREPARAR O BANQUETE. POUCOS SABEM, MAS ELE É UM ÓTIMO COZINHEIRO!

RUBI COMBINOU COM OS PASSARINHOS QUE ELES CANTARIAM UMA LINDA SINFONIA NA CHEGADA DE LUA.

SOL ESTAVA NERVOSO. ELE QUERIA QUE TUDO FOSSE PERFEITO NA MAIOR NOITE DO ANO!

“PODE FICAR TRANQUILO. OS CONVITES FORAM TODOS ENTREGUES”, GARANTIU APOLO AO AMIGO.

"TUDO PRONTO! AGORA, VOU COMEÇAR A ME ARRUMAR", DISSE CRISTAL.

DIAMANTE ESTAVA FAZENDO OS ÚLTIMOS AJUSTES.
FALTAVA APENAS DUAS HORAS PARA A FESTA COMEÇAR!

ESMERALDA QUIS REUNIR TODAS AS MENINAS
PARA QUE ELA PUDESSE ARRUMAR SUAS CRINAS.

LUA ESTAVA COMEÇANDO A FICAR NERVOSA. AQUELA NOITE ERA IMPORTANTE PARA O REINO INTEIRO.

PLUTÃO, NO ENTANTO, NÃO ENTENDIA POR QUE A NOITE ERA TÃO IMPORTANTE ASSIM.

RUBI EXPLICOU QUE, ALÉM DO ANIVERSÁRIO DE LUA, NAQUELA NOITE, AS ESTRELAS TINHAM UM BRILHO DIFERENTE.

“ESTE BRILHO ENVIA ENERGIAS DE AMOR E HARMONIA AO REINO, E SÓ LUA PODE CANALIZÁ-LO”, EXPLICOU SOL.

"NÃO É À TOA QUE LUA É NOSSA RAINHA!", COMPLETOU APOLO.

CRISTAL ESTAVA MUITO ORGULHOSA DO TRABALHO QUE FIZERAM. “HOJE VAI SER DEMAIS!”

AGORA, É HORA DE SE ARRUMAR. OS UNICÓRNIOS VÃO PRECISAR DA SUA AJUDA!

**COM QUAIS CORES VOCÊ VAI EMBELEZAR ESMERALDA?
LEMBRE-SE DE QUE ELA ADORA VERDE!**

PARA A ANIVERSARIANTE DA NOITE, VOCÊ TERÁ QUE CAPRICHAR AINDA MAIS! DEIXE LUA BEM BONITA.

PLUTÃO QUER QUE TODOS O VEJAM BEM ARRUMADO. ESTA É A NOITE PARA ESTAR ELEGANTE!

RUBI QUER QUE VOCÊ DÊ A ELA OS MAIS LINDOS TONS DE VERMELHO, SUA COR FAVORITA.

SOL É PARTE DA FAMÍLIA REAL E, POR ISSO, NÃO PODE FAZER FEIO. ELE CONTA COM VOCÊ!

APOLO QUER CHAMAR ATENÇÃO DE TODOS COM SEU CHARME. ELE ESTÁ TODO PERFUMADO!

CRISTAL CONFIA EM VOCÊ PARA DEIXÁ-LA LINDA. VOCÊ PODE ATÉ DESENHAR NOVOS ACESSÓRIOS!

AGORA, SÓ FALTA SUA IRMÃ, DIAMANTE. NÃO DEMORE PARA PINTÁ-LA, POIS ELA JÁ ESTÁ ATRASADA!

ESMERALDA, TODA CHEIA DE CLASSE, FOI A PRIMEIRA A CHEGAR.

LUA NUNCA ESTEVE TÃO FELIZ. O REINO INTEIRINHO ESTAVA LÁ PARA CELEBRAR.

PLUTÃO JÁ FOI DIRETO ENCHER A BARRIGA COM AS DELÍCIAS QUE ELE MESMO HAVIA PREPARADO.

RUBI OBSERVAVA TODOS OS DETALHES, ENCANTADA. “TUDO SAIU PERFEITO, COMO DEVE SER!”, ELA DISSE.

SOL RECEBIA E CUMPRIMENTAVA CADA CONVIDADO QUE CHEGAVA AO LINDO JARDIM ENFEITADO DO CASTELO.

“MAL POSSO ESPERAR PARA EXPERIMENTAR O BOLO MÁGICO”, DISSE APOLO.

FOI CRISTAL QUEM PREPAROU O BOLO DE NUVENS. ENTRE OS INGREDIENTES, HÁ LEALDADE, ALEGRIA E COMPAIXÃO.

"VAI COMEÇAR, AMIGOS", AVISOU DIAMANTE. É HORA DO CORAL DE PASSARINHOS!

AQUELA LINDA SINTONIA FEZ OS SENTIMENTOS MAIS TERNOS DESABROCHAREM EM TODOS OS CONVIDADOS.

LUA JÁ PODIA SENTIR A ENERGIA QUE VINHA DAS ESTRELAS. ELA ESTAVA MUITO FELIZ!

PLUTÃO CORREU PARA VER OS FOGOS DE ARTIFÍCIO QUE TERMINAVAM AQUELA NOITE ENCANTADA.

"JUNTOS, VIVEMOS MOMENTOS INESQUECÍVEIS", DISSE RUBI, ALEGRE.

"UM VIVA À AMIZADE E À HARMONIA!", DISSE SOL.
COM ESTES SENTIMENTOS, SE FAZ MÁGICA!

VAMOS NOS DIVERTIR COM A TURMA MAIS ENCANTADORA DO VALE DOS UNICÓRNIOS?

PARA COMEÇAR, AJUDE DIAMANTE A CONTAR QUANTOS ITENS DE CADA TIPO EXISTEM NESTA PÁGINA.

RESPOSTAS

8 10 13 9 12

LUA TROUXE UM DESAFIO E TANTO PARA VOCÊ! PARA DESCOBRIR ALGUMAS CARACTERÍSTICAS DESTE DRAGÃO FÊMEA, FORME PALAVRAS, USANDO UMA SÍLABA DE CADA COLUNA, SEM REPETI-LAS.

	A	B	C	D
1	RE	DE	RAN	VEL
2	PO	A	RÁ	ÇA
3	ES	MI	LE	SA
4	AD	PE	RO	ZA

RE	A	LE	ZA

RESPOSTAS
REALEZA,
PODEROSA,
ESPERANÇA,
ADMIRÁVEL.

PLUTÃO, EM UMA DE SUAS TRAPALHADAS, ALTEROU A CÓPIA DE UMA FOTO RECENTE. AGORA, ELE PRECISA DA SUA AJUDA PARA ENCONTRAR E MARCAR SEIS DIFERENÇAS ENTRE ELAS.

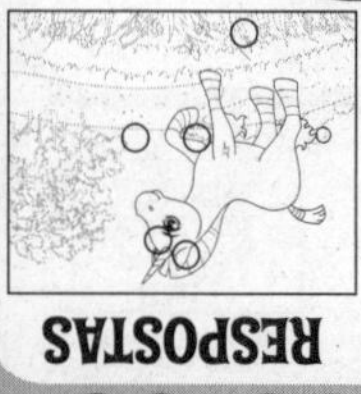

RESPOSTAS

LEVE CRISTAL ATÉ APOLO, SEGUINDO O CAMINHO CORRETO PELO LABIRINTO.

RESPOSTAS

ESMERALDA FICOU RESPONSÁVEL POR PLANEJAR OS GASTOS PARA A PRÓXIMA FESTA QUE A TURMINHA VAI FAZER NO VALE DOS UNICÓRNIOS. AJUDE-A, RESOLVENDO AS CONTINHAS ABAIXO.

A) $\begin{array}{r} 5 \\ +\ 6 \\ \hline \end{array}$

B) $\begin{array}{r} 9 \\ +\ 5 \\ \hline \end{array}$

C) $\begin{array}{r} 23 \\ +\ 7 \\ \hline \end{array}$

D) $\begin{array}{r} 14 \\ +\ 6 \\ \hline \end{array}$

E) $\begin{array}{r} 4 \\ -\ 2 \\ \hline \end{array}$

F) $\begin{array}{r} 9 \\ -\ 4 \\ \hline \end{array}$

G) $\begin{array}{r} 18 \\ -\ 10 \\ \hline \end{array}$

H) $\begin{array}{r} 23 \\ -\ 8 \\ \hline \end{array}$

RESPOSTAS

A) 11 B) 14 C) 30
D) 20 E) 2 F) 5
G) 8 H) 15

SOL ESTAVA MUITO FELIZ POR TER REALIZADO UM VOO PERFEITO! ENCONTRE E ASSINALE A SOMBRA QUE CORRESPONDE À FIGURA DESTE GUARDIÃO.

A)

B)

C)

D)

RESPOSTAS
LETRA C

DIAMANTE ESTAVA ANSIOSA PARA DESCOBRIR O NÚMERO EM QUE CRISTAL PENSOU. PARA AJUDÁ-LA, SIGA AS DICAS DO QUADRO E PINTE A OPÇÃO CORRETA.

1- A UNICÓRNIO TIROU UM NUMERAL PAR.
2- O VALOR É MENOR QUE 8.
3- ESTE NÚMERO SOMADO A 4 É IGUAL A 10.

3 1 7 5 6 2 8 9 4

RESPOSTA 6

SIGA OS FIOS E LEVE CADA LETRA AO ESPAÇO CORRESPONDENTE PARA CONHECER UMA CARACTERÍSTICA MARCANTE DE APOLO.

RESPOSTAS
CURIOSO

LIGUE CADA UNICÓRNIO À SUA SOMBRA.

RESPOSTAS

LEIA ALGUMAS CURIOSIDADES SOBRE OS UNICÓRNIOS DA FLORESTA ENCANTADA E COMPLETE A CRUZADINHA COM AS PALAVRAS DESTACADAS.

1- CRISTAL TEM PODERES **MÁGICOS.**

2- ESMERALDA É UMA SÁBIA **CONSELHEIRA.**

3- PLUTÃO É **BRINCALHÃO** COM TODOS DO VALE DOS UNICÓRNIOS.

4- DIAMANTE É **ESTUDIOSA** E SONHADORA.

5- SOL GOSTA MUITO DE **AVENTURAS.**

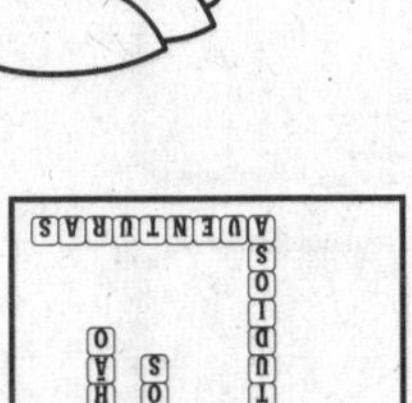

RESPOSTAS

ENCONTRE AS PARTES DA FIGURA, INDICANDO A LETRA E O NUMERAL QUE AS REPRESENTAM.

1 2 3 4 5

A B C D E F G H I

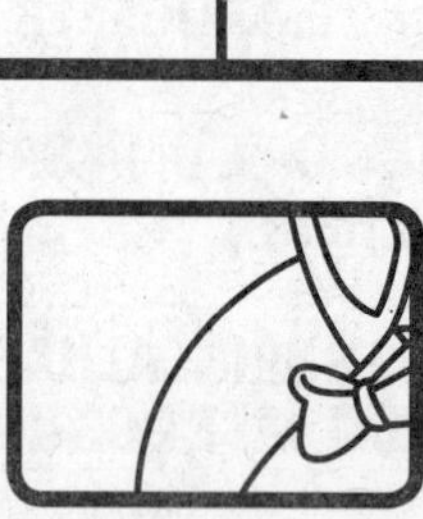

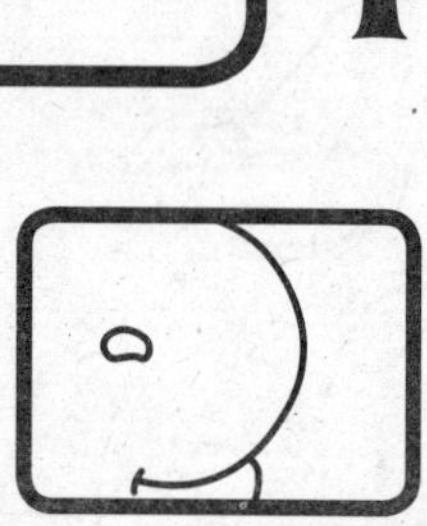

RESPOSTAS: 2-E, 3-C, 4-I, 5-C

TRANSFIRA PARA O QUADRO "A" A MESMA LINHA TRAÇADA NO QUADRO "B" E DESCUBRA ALGO QUE A DIAMANTE COSTUMA OBSERVAR.

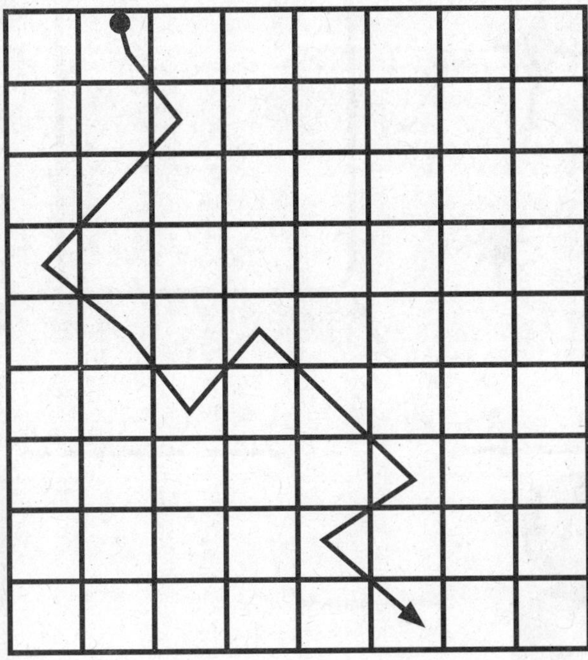

H	C	J	P	B	G	F	S
D	M	O	L	M	P	L	J
F	N	L	Q	D	V	G	B
S	F	E	F	L	K	H	N
L	T	I	L	G	S	A	Z
G	Y	E	A	A	B	N	J
D	T	Q	S	V	Ç	O	U
C	E	A	D	Ã	Ñ	E	I
S	R	Z	T	U	O	V	Y

RESPOSTA:

____

RESPOSTAS
CONSTELAÇÃO

AJUDE OS UNICÓRNIOS A COMPLETAREM O DIAGRAMA ABAIXO COM OS NUMERAIS 1,4,5 E 7, DE FORMA QUE A SOMA SEJA SEMPRE 15.

RESPOSTAS

LEVE LUA ATÉ SOL, SEGUINDO O CAMINHO CUJA SOMA DOS NÚMEROS TENHA O MAIOR RESULTADO.

RESPOSTA
2-7-1-9-5 = 24

ENCONTRE E PINTE APENAS AS SÍLABAS QUE FORMAM O NOME "ESMERALDA", ESTA VAIDOSA UNICÓRNIO.

ES NI PI QUE

DO ME CÓ DA

TA SÍ PO

RAL KA PE

CA FI TA

JU LO

DÃO DU

RESPOSTA

ES NI PI QUE
DO ME CÓ DA
TA SÍ PO
RAL KA PE
CA FI TA

RUBI TROUXE UM DESAFIO PARA VOCÊ! DESCUBRA A PALAVRA SECRETA, LENDO AS DICAS E ESCREVENDO A LETRA CORRESPONDENTE A CADA QUADRADO.

1- PRIMEIRA LETRA DA PRIMEIRA FILEIRA
2- TERCEIRA LETRA DA PRIMEIRA FILEIRA
3- TERCEIRA LETRA DA QUARTA FILEIRA
4- PRIMEIRA LETRA DA TERCEIRA FILEIRA
5- QUARTA LETRA DA SEGUNDA FILEIRA
6- TERCEIRA LETRA DA SEGUNDA FILEIRA
7- SEGUNDA LETRA DA TERCEIRA FILEIRA

A	F	L	B
H	W	I	R
G	A	S	L
Z	X	E	M

ESCREVA AQUI AS LETRAS QUE VOCÊ ENCONTROU

RESPOSTA ALEGRIA

DESEMBARALHE AS LETRAS E COMPLETE A CRUZADINHA COM OS NOMES DE ALGUMAS FLORES QUE PODEM SER ENCONTRADAS NO VALE DOS UNICÓRNIOS.

1. 

SROA

2. 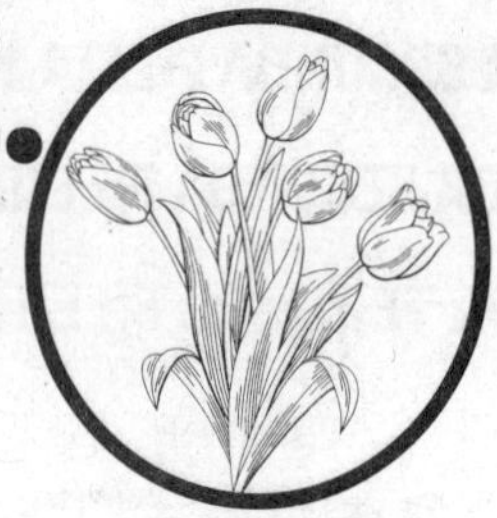

UAILTP

3. 

NAAÓMGLI

4. 

SOLAGSIR

5. 

ÉICLMAA

6. 

ÊADRGAIN

RESPOSTAS

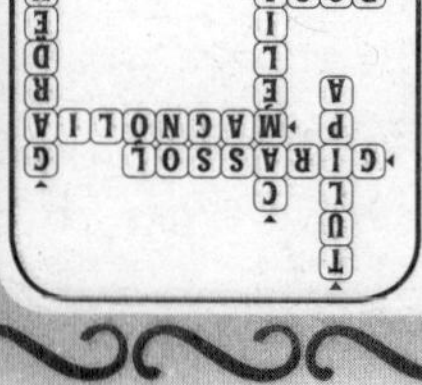

AJUDE PLUTÃO A SAIR DE MAIS UMA CONFUSÃO, ENCONTRANDO AS VOGAIS QUE ELE MISTUROU JUNTO ÀS CONSOANTES.

C I G L X Z O L Q

K y P y S F D D

G O T O D U U F

W S F V R

L y S M

O D y D G

D G J

D B P M y

D S T H A I

H N G T N y P

B J L B I y G L

T M

O A D S L Ç

W L P R D

K I M V I P G H A

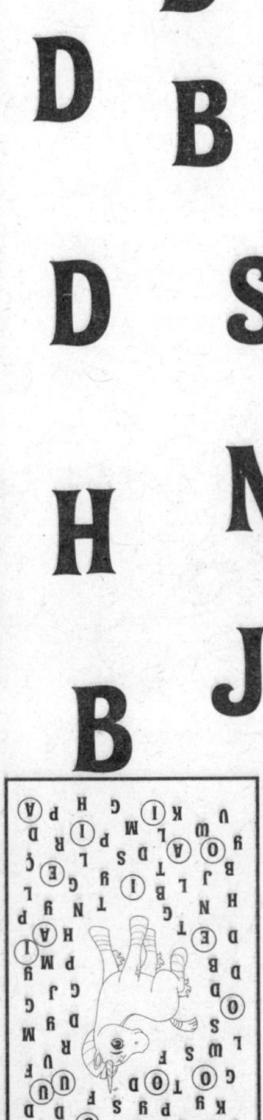

RESPOSTAS

A TURMINHA DO VALE DOS UNICÓRNIOS ADORA UMA AVENTURA! COMPLETE O NOME DE CADA UM DELES COM AS VOGAIS QUE FALTAM.

- AP_LO

- CR_STAL

- DIAM_NTE

- ESM_RALDA

● L_A

● PL_TÃO

● RUB_

● S_L

RESPOSTAS

APOLO
CRISTAL
DIAMANTE
ESMERALDA
LUA
PLUTÃO
RUBI
SOL

RUBI ESTÁ COLECIONANDO ALGUMAS PEDRAS PRECIOSAS. SUBSTITUA OS SÍMBOLOS PELAS LETRAS CORRESPONDENTES E DESCUBRA SEUS NOMES.

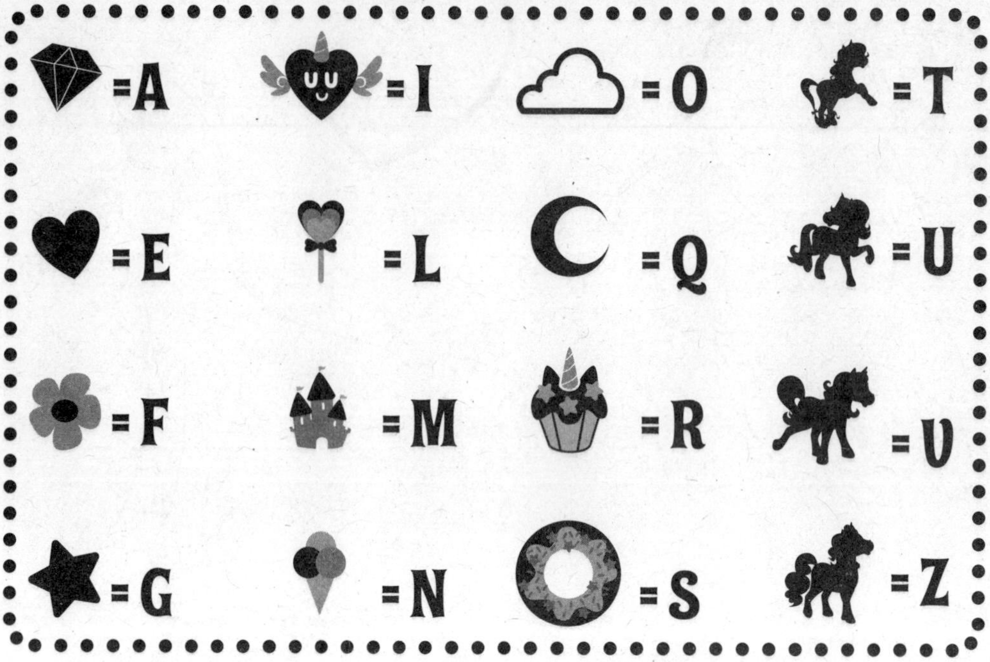

____

____

____

____

____

____

RESPOSTAS

QUARTZO
TURMALINA
AMETISTA
SAFIRA
TANZANITA
MUSGRAVITE

CIRCULE A UNICÓRNIO MAIOR E FAÇA UM X NA MENOR.

RESPOSTAS

CONTE E RESPONDA: QUANTAS VEZES APARECE A PALAVRA "UNICÓRNIO" NESTA ESPIRAL?

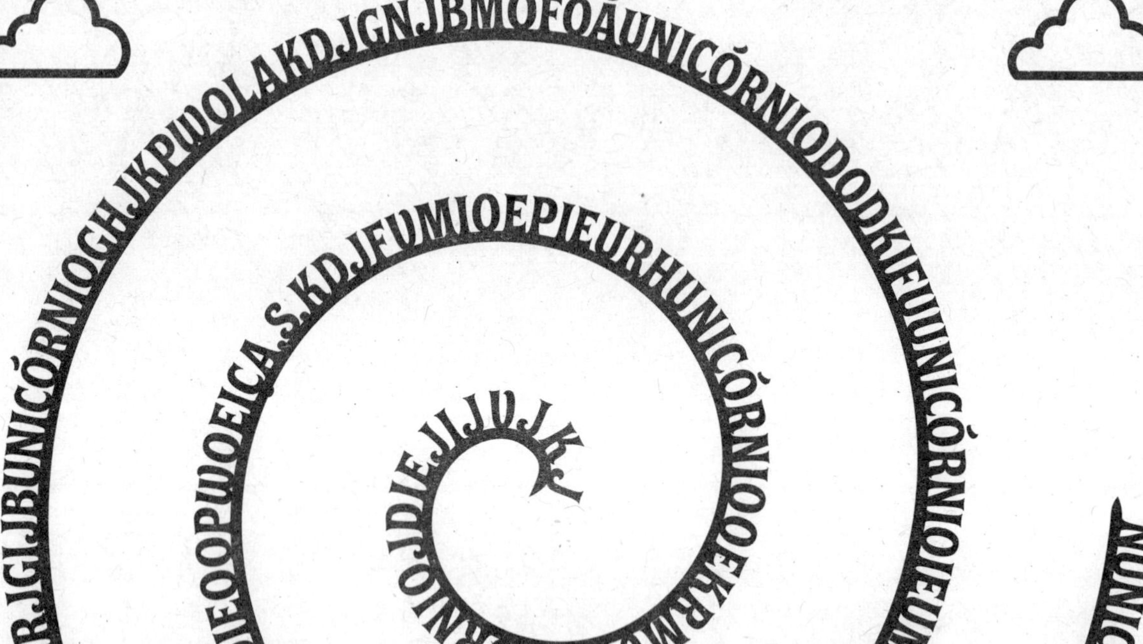

RESPOSTA

RESPOSTA

OBSERVE A FIGURA E CIRCULE O DETALHE QUE NÃO PERTENCE A ELA.

RESPOSTA
A

REORGANIZE O DESENHO, NUMERANDO AS PARTES DE ACORDO COM O MODELO.

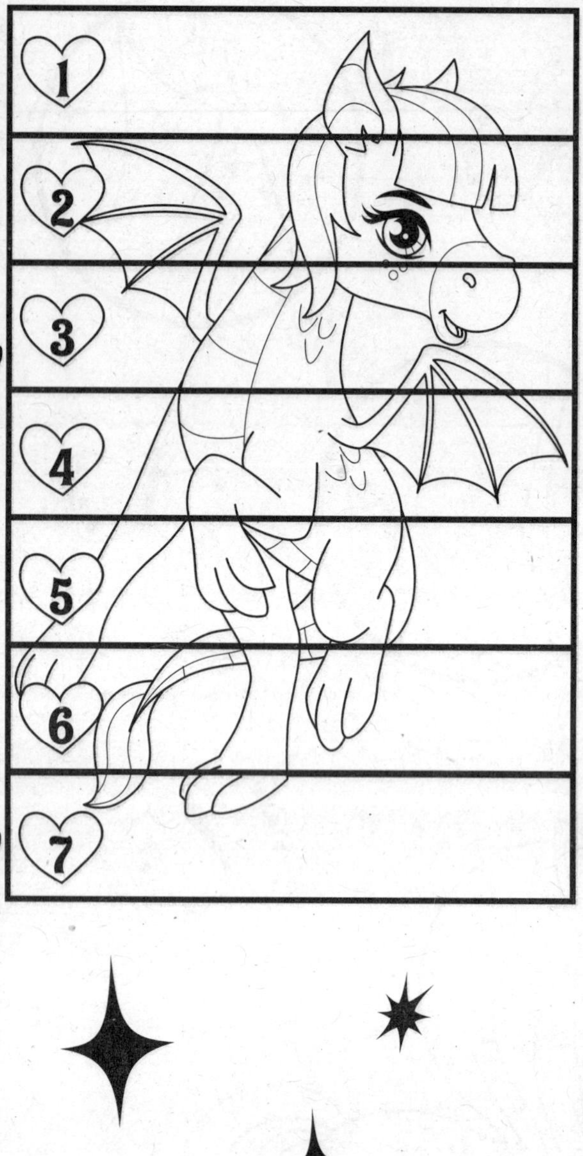

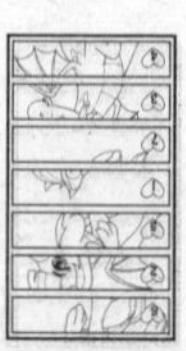

RESPOSTA

SIGA OS FIOS E RESPONDA QUAL POSIÇÃO OS DRAGÕES LUA E SOL OCUPAM NO VALE DOS UNICÓRNIOS.

RESPOSTA
REALEZA

OS UNICÓRNIOS QUEREM SABER SE VOCÊ É FERA EM FRAÇÕES! OBSERVE O QUADRO E ESCREVA A REPRESENTAÇÃO CORRESPONDENTE A CADA FIGURA, CONFORME O MODELO.

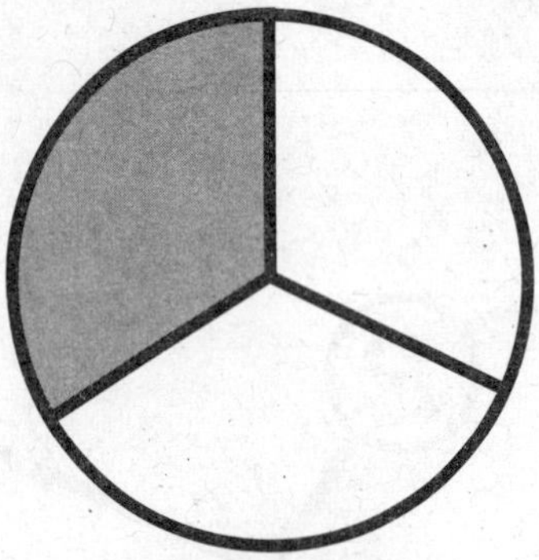

$\frac{1}{3}$

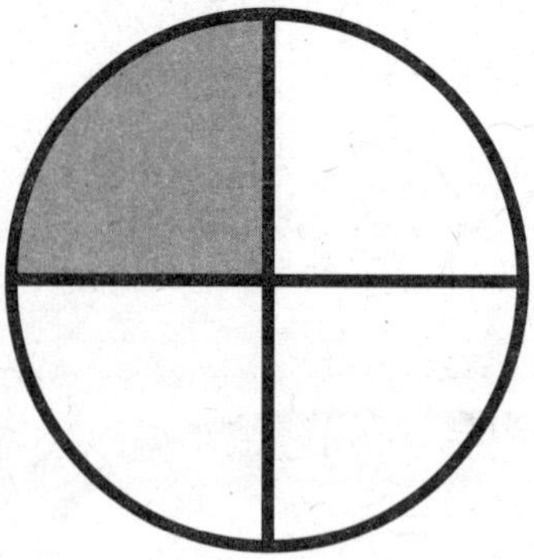

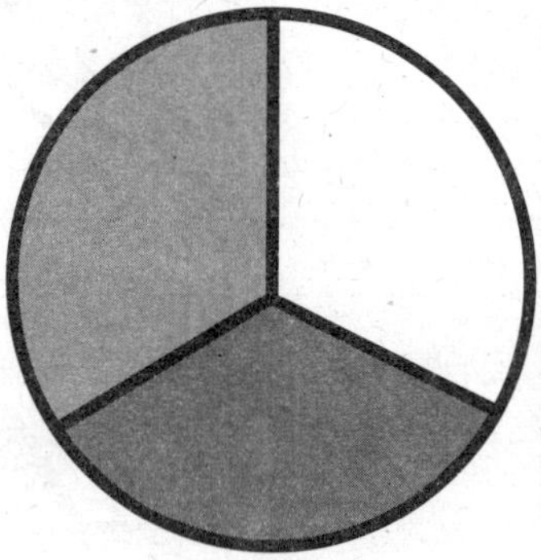

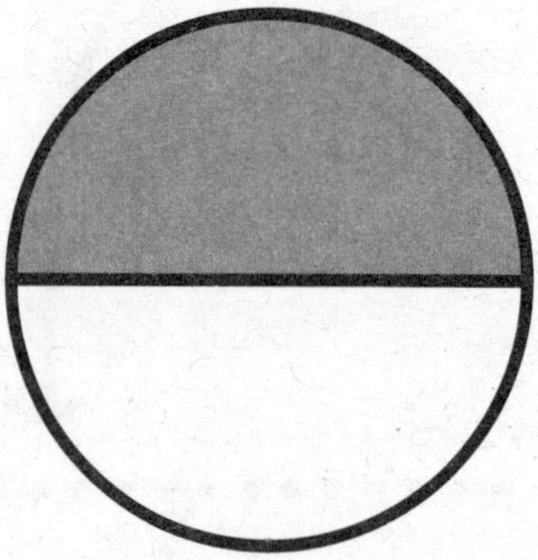

RESPOSTAS

$\frac{1}{4}$	$\frac{5}{8}$	$\frac{2}{3}$
$\frac{1}{8}$	$\frac{1}{2}$	$\frac{3}{6}$

APOLO QUER BRINCAR DE RESOLVER ESTE SUDOKU. VAMOS AJUDÁ-LO?

	4		
		1	
	2		1
3			

RESPOSTAS

1	4	2	3
2	3	1	4
4	2	3	1
3	1	4	2

DIAMANTE JÁ SABE QUE É POSSÍVEL FORMAR 6 SEQUÊNCIAS DIFERENTES COM OS NUMERAIS EM DESTAQUE. AJUDE-A A CONCLUIR A TAREFA, ENCONTRANDO A ÚNICA QUE FALTA.

245

452

425

524

254

____

RESPOSTA 542

ENCONTRE E ASSINALE A ALTERNATIUA QUE CONTÉM TODAS AS LETRAS QUE FORMAM O NOME "ESMERALDA".

A S E M A E R L A

B S E A A L R D A D

C S E M A E R L A D

D S E A A E R L A D

RESPOSTA C

PINTE TODAS AS LETRAS QUE CONTÊM UM PONTINHO DENTRO, ORGANIZE-AS E DESCUBRA UMA CARACTERÍSTICA DE CRISTAL.

M E R S H G

S U I B O T

E U R T E D

F I W B

Z D O I

C S B

A N

RESPOSTA MISTERIOSA

VAMOS LIGAR OS PONTOS E COMPLETAR O DESENHO DA RUBI?

OS UNICÓRNIOS SE DIVERTEM MUITO COM ATIVIDADES DE LÓGICA! OBSERVE AS ILUSTRAÇÕES PARA SABER QUAL ALTERNATIVA RESULTA NA JUNÇÃO DAS DUAS FIGURAS.

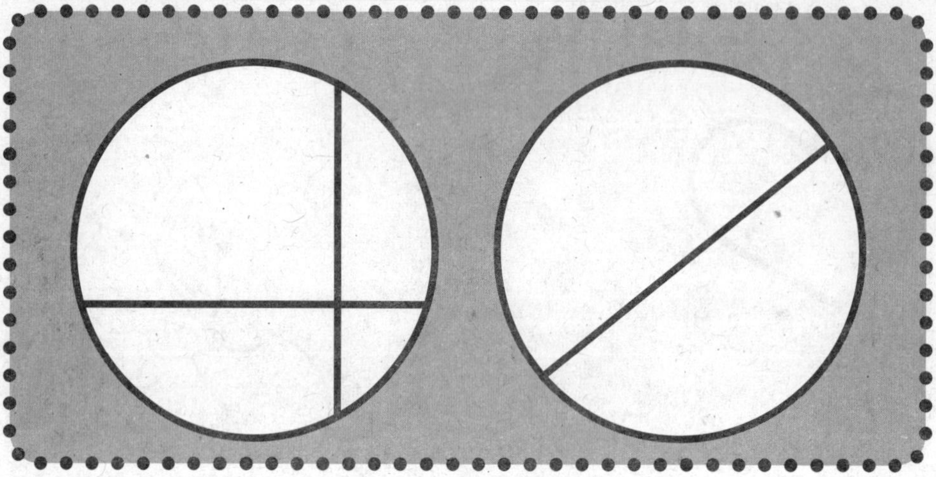

A

B

C

D

E

F

RESPOSTA

E

SOL SE MULTIPLICOU! AGORA, O DESAFIO É ENCONTRAR O ÚNICO DRAGÃO DIFERENTE DOS OUTROS.

RESPOSTA

APOLO ESTÁ PRONTO PARA MAIS UMA ATIVIDADE! COPIE O DESENHO DO UNICÓRNIO ABAIXO, REPRODUZINDO OS TRAÇOS DE TODOS OS QUADRADINHOS.

ESMERALDA TROUXE UM DESAFIO PARA OS OUTROS UNICÓRNIOS: ESCREVER O NÚMERO DE ELEMENTOS EM CADA CONJUNTO. ENTRE NESSA COM ELES!

RESPOSTAS

5 - 11 - 7

NUMERE AS POSES DO PLUTÃO, DA MENOR PARA A MAIOR.

RESPOSTA

SE TEM UMA COISA QUE OS UNICÓRNIOS AMAM OBSERVAR NO CÉU É O ARCO-ÍRIS! COMPLETE OS ESPAÇOS COM AS CORES DESTE FENÔMENO NATURAL, SEGUINDO OS NUMERAIS INDICADOS NO QUADRO.

- | 10 | 7 | 16 | 12 | 7 |
- | 10 | 7 | 16 | 11 | 7 | 15 | 8 | 9 |
- | 14 | 3 | 4 | 15 |
- | 1 | 5 | 17 | 1 | 6 | 9 |
- | 14 | 11 | 14 | 16 | 7 | 15 | 9 |
- | 15 | 14 | 16 | 14 | 5 | 2 | 14 |
- | 10 | 1 | 9 | 15 | 7 | 13 | 14 |

1	3	5	6	12	13
I	Z	N	G	D	T

2	4	7	11	14	15
J	U	E	M	A	L

9	8	10	17	16
O	H	V	D	R

RESPOSTAS
VERDE
VERMELHO
AZUL
ÍNDIGO
AMARELO
LARANJA
VIOLETA

QUANTAS PALAVRAS VOCÊ CONSEGUE ESCREVER USANDO AS LETRAS DE "FLORESTA"?

EXEMPLO: FLORES

NUMERE OS NOMES DOS PERSONAGENS EM ORDEM ALFABÉTICA.

RESPOSTA
1. APOLO
2. DIAMANTE
3. ESMERALDA
4. LUA
5. SOL

O QUE É, O QUE É?

ESMERALDA É CONHECIDA POR SER MUITO ENGRAÇADA. TESTE SEUS CONHECIMENTOS SOBRE AS ADIVINHAÇÕES ABAIXO E ASSINALE A OPÇÃO CORRETA.

1. O QUE ESTÁ NO MEIO DO OVO?
A) A GEMA
B) A LETRA V

2. QUAL É A MANGA QUE NUNCA AMADURECE?
A) A DA CAMISA
B) A VERDE

3. O QUE É QUE SE QUEBRA QUANDO SE FALA?
A) O SEGREDO
B) O GALHO

4. ENCHE UMA CASA, MAS NÃO ENCHE UMA MÃO?
A) UM CORAÇÃO
B) UM BOTÃO

4. O QUE A ESFERA DISSE PARA O CUBO?
A) DEIXA DE SER QUADRADO!
B) QUE FORMA!

RESPOSTAS
1.B) 3.A)
2.A) 4.B)

SOL ESTAVA ESTUDANDO OS PLANETAS DO SISTEMA SOLAR. LIGUE AS SÍLABAS DAS DIFERENTES LINHAS PARA FORMAR SEUS NOMES.

MAR	RA	= ______
VÊ	TE	= ______
TER	NUS	= ______

RESPOSTAS

MAR – RA = MARTE
VÊ – TE = VÊNUS
TER – NUS = TERRA

COMPLETE O DIAGRAMA ABAIXO COM AS PALAVRAS SORTIDAS E DESCUBRA O NOME DO UNICÓRNIO QUE TEM PODERES MÁGICOS.

CERTEZA ILUSTRE

TRIVIAL NATURAL ENSINAR

CRIANÇA CAPITAL

RESPOSTAS

CERTEZA
CRIANÇA
TRIVIAL
ILUSTRE
CAPITAL
ENSINAR
NATURAL

ASSINALE COM UM X A PALAVRA QUE NÃO PERTENCE À SEQUÊNCIA.

A) GARFO - FACA - HARPA - COLHER

B) VERMELHO - PEDRA - AZUL - ROXO

C) LÁPIS - CANETA - PINCEL - CADARÇO

D) CARRO - AVIÃO - CASA - CAMINHÃO

E) GARRAFA - CEBOLA - ALHO - SALSA

RESPOSTAS
A) HARPA
B) PEDRA
C) CADARÇO
D) CASA
E) GARRAFA

ENCONTRE E CIRCULE APENAS OS PERSONAGENS QUE USAM COLAR.

RESPOSTAS

ENCONTRE NO EMARANHADO DE LETRAS ALGUMAS PALAVRAS QUE SÃO USADAS COMO ADJETIVOS E PINTE-AS.

RESPOSTAS
NORMAL
COLORIDO
PRÁTICO
MODERNO
SIMPLES
INCRÍVEL

LIGUE AS PALAVRAS AOS SEUS SIGNIFICADOS OPOSTOS QUE ESTÃO ESPELHADOS. O PRIMEIRO JÁ FOI FEITO PARA VOCÊ! SE PRECISAR, USE UM ESPELHO PARA LER AS PALAVRINHAS.

BONITO	VELHO
GRANDE	DIFÍCIL
NOVO	FEIO
FÁCIL	PEQUENO

RESPOSTA

ESCREVA AS LETRAS NA ORDEM NUMÉRICA PARA SABER O QUE ESMERALDA VAI DAR DE PRESENTE AOS SEUS AMIGOS.

T	S	O	E	D	H	I	S
11	10	5	7	6	8	2	16

U	I	L	Ó	R	R	A	I
3	9	1	12	4	13	15	14

RESPOSTA=

RUBI PRECISA RESOLVER UMA TAREFA ANTES DE PARTICIPAR DO PRÓXIMO CONCURSO. FAÇA AS CONTINHAS ABAIXO PARA DESCOBRIR O SINAL QUE ESTÁ FALTANDO.

15 ▢ 15 ▢ 10 = 20

47 ▢ 33 ▢ 25 = 105

10 ▢ 10 = 100

65 ▢ 35 = 40

21 ▢ 7 = 3

RESPOSTAS

15+15 - 10 =20
47+33+25=105
21÷7=3
10X10=100

DESCUBRA A PALAVRA E COMPLETE A FRASE, UTILIZANDO A SUCESSORA DE CADA UMA DAS LETRAS EM DESTAQUE.

SOL E LUA SÃO OS DRAGÕES RESPONSÁVEIS POR PRESENTEAR OS UNICÓRNIOS COM ______________.

U H Q S T C D R

RESPOSTA: VIRTUDES

DESAFIO! COMPLETE A SEQUÊNCIA DE ACORDO COM OS VALORES APRESENTADOS EM CADA LINHA.

A) 2 | 4 | 6 | 8 | ....

B) 4 | 8 | 12 | 16 | ....

C) 9 | 18 | 27 | 36 | ....

D) 10 | 9 | 8 | 7 | ....

E) 100 | 200 | 300 | ....

F) 12 | 9 | 6 | ....

RESPOSTA

A) 10 B) 20 C) 45 D) 6
E) 400 F) 3

CRISTAL ESTAVA INSPIRADA E RESOLVEU APRENDER UM TRAVA-LÍNGUAS. AJUDE-A, COMPLETANDO AS FRASES ABAIXO COM AS PALAVRAS EM DESTAQUE:

ASSOBIAR - ARANHA - LUSTRADO

1- A ARANHA ARRANHA A RÃ.
A RÃ ARRANHA A______.
NEM A ARANHA ARRANHA A RÃ.
NEM A RÃ ARRANHA A ARANHA.

2- O SABIÁ NÃO SABIA
QUE O SÁBIO SABIA
QUE O SABIÁ NÃO SABIA______.

3- LUIZA LUSTRAVA O LUSTRE LISTRADO; O LUSTRE ________ LUZIA.

RESPOSTAS
1. ARANHA
2. ASSOBIAR
3. LUSTRADO

PINTE APENAS AS SÍLABAS QUE FORMAM OS MATERIAIS ESCOLARES ABAIXO:

LI | TE | GA | VRO | SE

CA | ME | JO | NO | DER

GUA | MI | RÉ | TER | VI

PLE | LÁ | ON | GRA | PIS

RESPOSTAS

LI VRO

CA DER NO

RÉ GUA

LÁ PIS

AJUDE PLUTÃO A COMPLETAR AS FIGURAS ABAIXO, DE ACORDO COM A ORDEM DO ALFABETO.

ANTES		DEPOIS
	F	
	K	
	T	
	B	

ENTRE		
R		T
M		O
U		W
X		Z

A B C
D E F G H
I J K L M N
O P Q R S T U V
W X Y Z

RESPOSTAS

ESMERALDA COMBINOU DE SE ENCONTRAR COM RUBI. AJUDE-A A CHEGAR ATÉ A AMIGA RAPIDINHO, PERCORRENDO O CAMINHO DO LABIRINTO COM AS LETRAS DO ALFABETO DE TRÁS PARA A FRENTE.

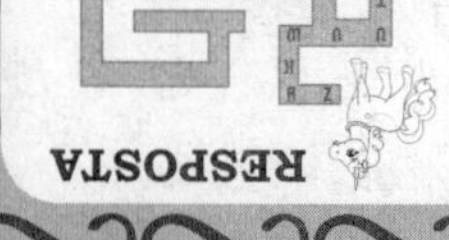

RESPOSTA

OBSERVE O CENÁRIO E CIRCULE AS PALAVRAS QUE REPRESENTAM OS ITENS QUE APARECEM NELE.

UNICÓRNIO - DRAGÃO - ARCO-ÍRIS - FLORES - SOL - ÁRVORES - ESTRADA - NUVENS - BORBOLETA

RESPOSTAS
UNICÓRNIO
FLORES
ÁRVORES
ESTRADA

LIGUE CADA PERSONAGEM À SUA VERSÃO REFLETIDA.

RESPOSTAS

ENCONTRE AS METADES DOS PERSONAGENS E ESCREVA A LETRA CORRESPONDENTE.

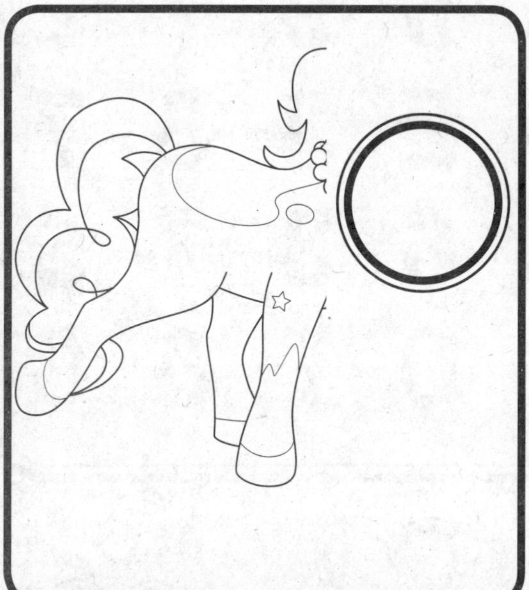

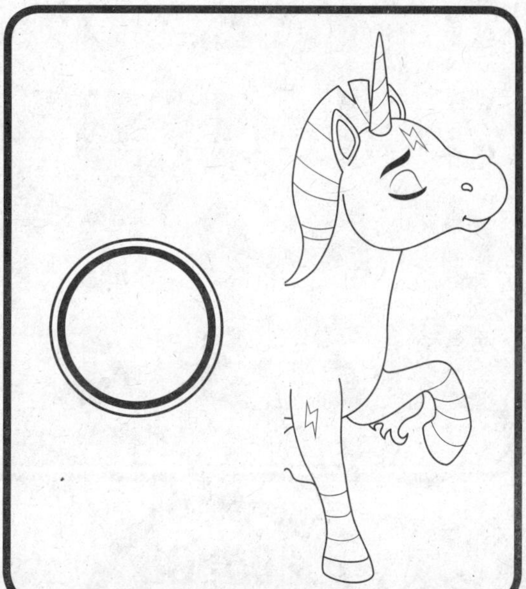

A

B

C

D

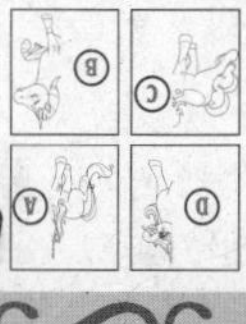

RESPOSTAS

ENCONTRE NO CAÇA-PALAVRAS OS CÓDIGOS NUMÉRICOS QUE APARECEM NA LISTA.

4	1	7	6	9	3	1	4	7
7	4	5	9	8	7	1	8	2
2	8	5	2	4	7	8	3	5
9	5	8	4	7	8	6	3	1
5	1	2	6	3	5	9	7	2
3	1	1	8	0	2	3	8	7
6	5	6	2	9	6	3	7	5
8	7	3	4	1	0	7	8	6

295368
459871
263597
118023
873410

RESPOSTAS

APOLO FICOU CONFUSO AO RESOLVER ESTAS CONTINHAS. VOCÊ CONSEGUE SOLUCIONÁ-LAS PARA ELE?

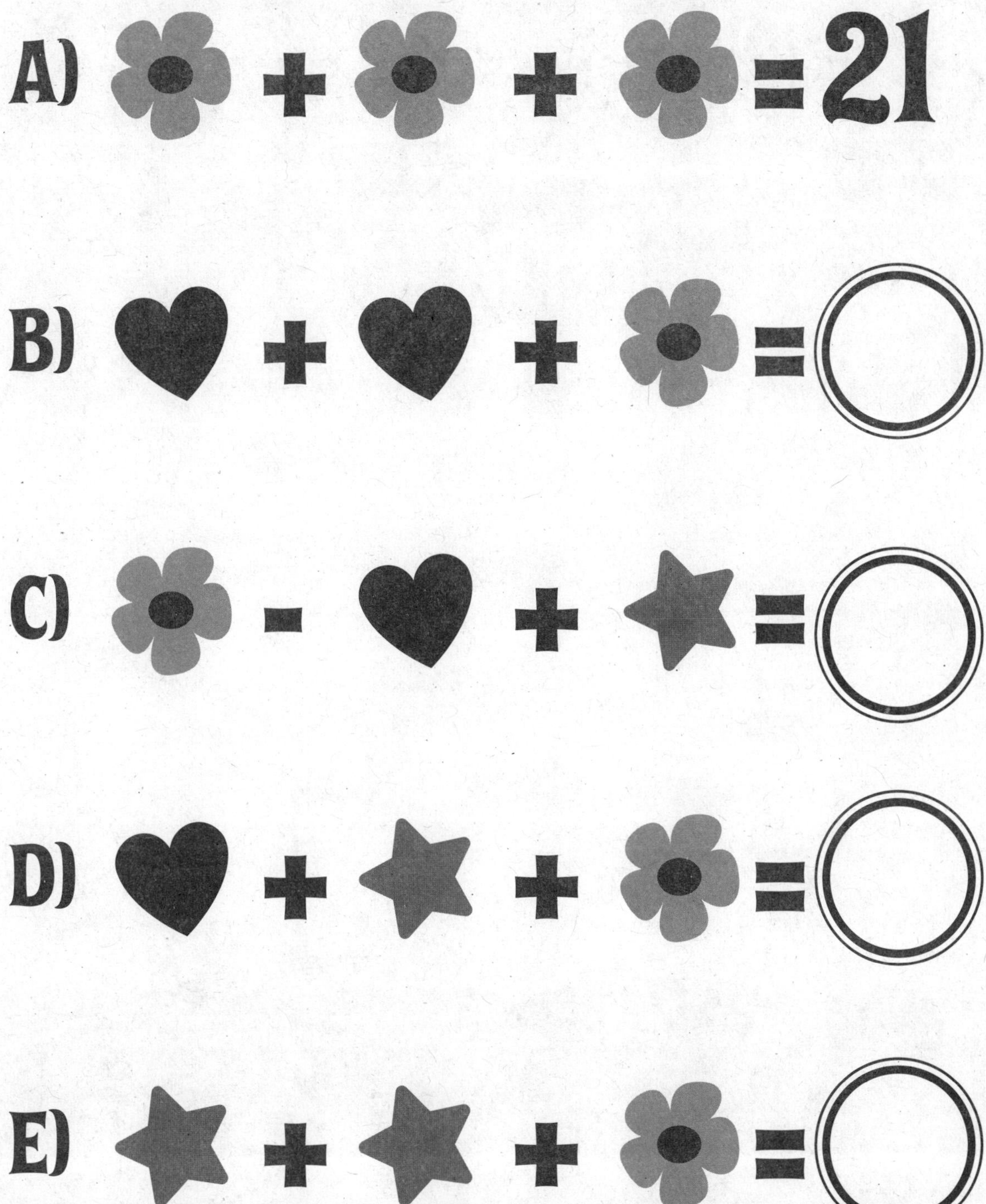

RESPOSTAS
B) 17
C) 5
D) 15
E) 13

ESMERALDA GOSTA MUITO DE SE CUIDAR. ENCONTRE E CONTE OS ACESSÓRIOS QUE APARECEM NA PÁGINA, COLOCANDO OS VALORES NOS ESPAÇOS CORRESPONDENTES.

RESPOSTAS

12 | 16 | 8 | 18

OS UNICÓRNIOS ESTAVAM REALIZANDO UMA COMPETIÇÃO PARA VER QUEM FAZ ESTA ATIVIDADE EM MENOS TEMPO. SEPARE AS PALAVRAS PELA QUANTIDADE DE SÍLABAS QUE CADA UMA CONTÉM E ESCREVA-AS NO QUADRO CORRESPONDENTE.

ESTRELA - FLORES - BORBOLETA - ÁRVORE - NOITE - DIA - LUZ

1 SÍLABA

2 SÍLABAS

3 SÍLABAS

4 SÍLABAS

RESPOSTAS

1 - LUZ
2 - NOITE - FLORES - DIA
3 - ÁRVORE - ESTRELA
4 - BORBOLETA

AGORA, O DESAFIO É ENCONTRAR A LETRA CAPAZ DE FORMAR DUAS PALAVRAS EM CADA DIAGRAMA. VAMOS LÁ?

		V	
T	R		M
		M	

	R	
L		A
	A	

	M	
D		A
	A	

RESPOSTA

		V	
T	R	E	M
		M	

	R	
L	U	A
	A	

	M	
D	I	A
	A	

A EDUCAÇÃO E O RESPEITO SÃO VALORES FUNDAMENTAIS NO VALE DOS UNICÓRNIOS. DESEMBARALHE AS FRASES E DESCUBRA ALGUMAS DAS PALAVRINHAS MUITO USADAS POR ESTA TURMINHA.

BOGRIDAO

....

OCM ICLÇENA

....

LESPEDCU-EM

....

OPR VARFO

....

RESPOSTA
OBRIGADO
COM LICENÇA
DESCULPE-ME
POR FAVOR

A CANTORIA DE CRISTAL TOMOU CONTA DO VALE DOS UNICÓRNIOS! AJUDE-A A SEGUIR O COMPASSO PERFEITO, PERCORRENDO O LABIRINTO E SEGUINDO A ESCALA CRESCENTE DAS NOTAS MUSICAIS ATÉ A SAÍDA.

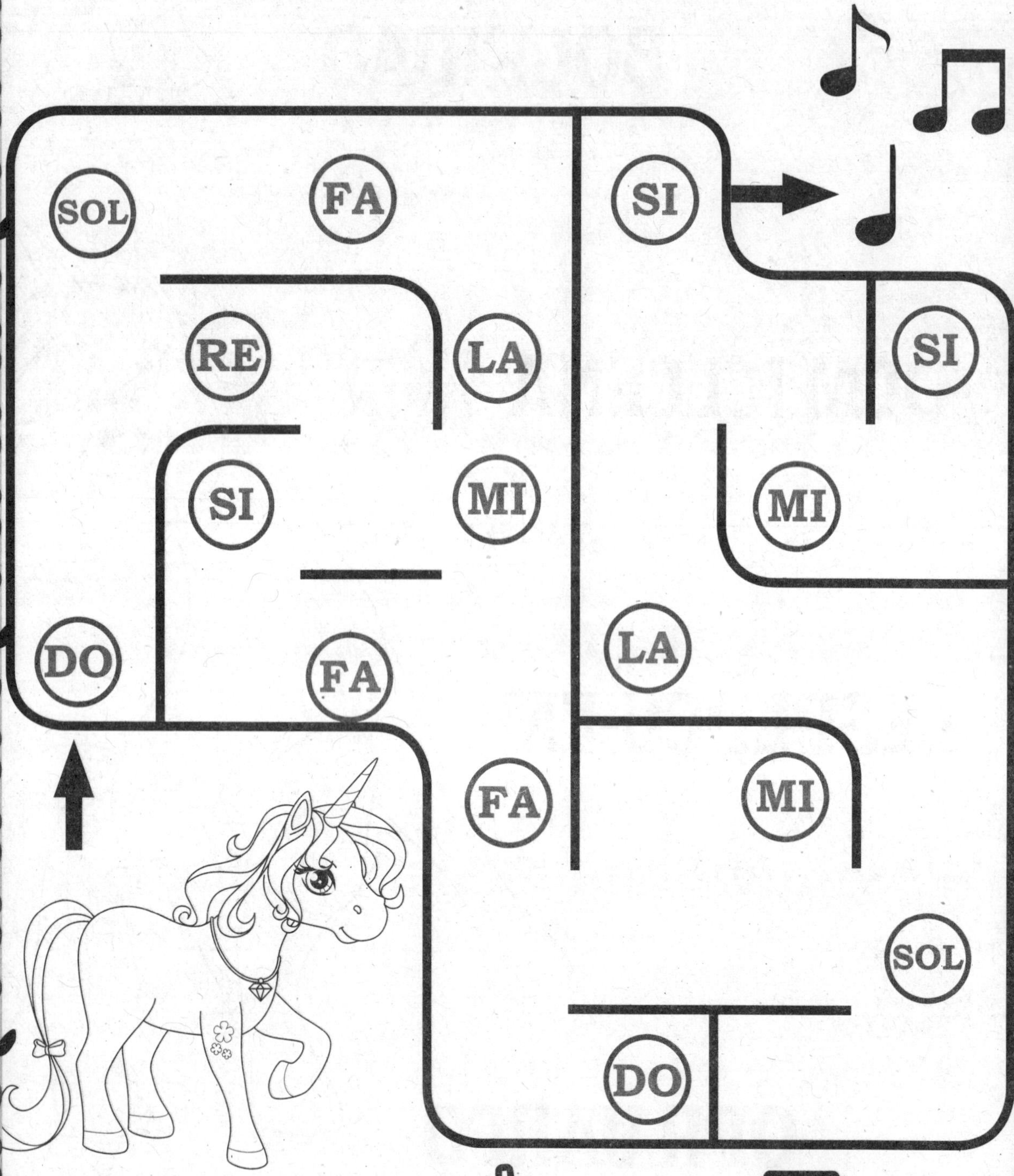

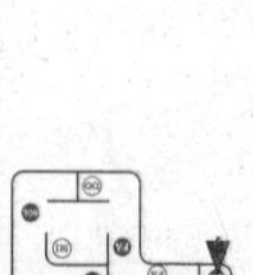

RESPOSTA

OS UNICÓRNIOS ESTAVAM APRENDENDO UM IDIOMA NOVO. ENCONTRE A VERSÃO EM INGLÊS DAS FORMAS GEOMÉTRICAS E LIGUE-AS.

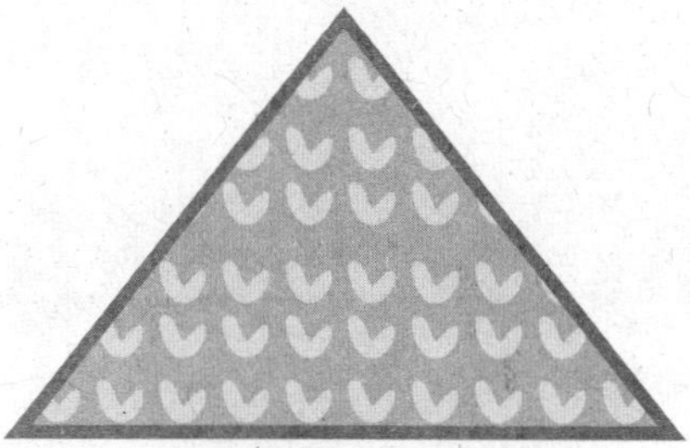

TRIÂNGULO

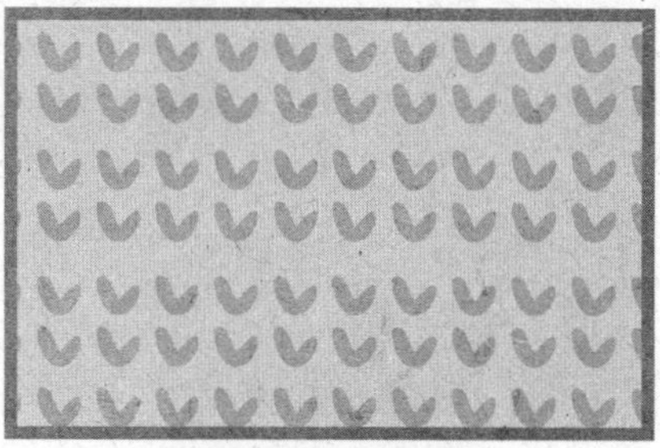

RETÂNGULO

QUADRADO

CÍRCULO

SQUARE

TRIANGLE

CIRCLE

RECTANGLE

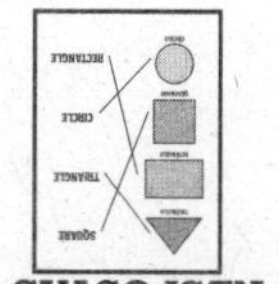

FAÇA UM X EM TODAS AS LETRAS K, W E Y E DESCUBRA UMA CARACTERÍSTICA MARCANTE DE DIAMANTE.

WOYBWSYERWYVAKYDOYRKA

RESPOSTA OBSERVADORA

SOL E LUA SE REVEZAM PARA CUIDAR DO VALE DOS UNICÓRNIOS. OBSERVE A SEQUÊNCIA E COLOQUE O NUMERAL DA FIGURA AUSENTE EM CADA LINHA.

ENCONTRE E MARQUE A ÚNICA FIGURA DIFERENTE DAS DEMAIS.

RESPOSTA

COMPLETE O DESENHO DO PLUTÃO.

ENCONTRE E PINTE TODAS AS LETRAS QUE FORMAM O NOME "APOLO".

M E R H G

S A I S B T

E U T P D

R O B W F

S L G U O

Q K U

F B Y

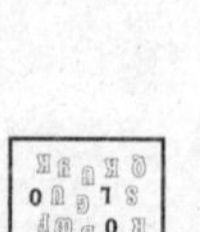

RESPOSTA

CIRCULE A ESMERALDA MAIOR E FAÇA UM X NA MENOR.

RESPOSTAS

ENCONTRE E ASSINALE A ALTERNATIVA IGUAL À FIGURA EM DESTAQUE.

A)

B)

C)

D)

RESPOSTA D)

NUMERE E ORDENE OS RECORTES DE ACORDO COM O MODELO.

É HORA DE SE REFRESCAR! LIGUE OS SORVETES IDÊNTICOS.

RESPOSTAS

LUA PRECISA DE VOCÊ PARA RESOLVER AS CONTINHAS ABAIXO. VAMOS LÁ!

A) 15+64 =

B) 35-23 =

C) 76+24 =

D) 105-33 =

RESPOSTAS

A) 79
B) 12
C) 100
D) 72

ESCREVA O MÁXIMO DE PALAVRAS QUE CONSEGUIR COM AS LETRAS DE "VALE DOS UNICÓRNIOS".

EXEMPLO: UNIVERSO

PARA TERMINAR A SUA AVENTURA, DESENHE O UNICÓRNIO DE QUE VOCÊ MAIS GOSTA.

A CORRIDA PELA FLOR MÁGICA

A FLORESTA ENCANTADA ESTAVA EM FESTA. TODOS OS UNICÓRNIOS FORAM CONVIDADOS PARA O EVENTO MAIS ESPERADO DO ANO: A CORRIDA PELA FLOR MÁGICA!

TODO ANO, UMA ÚNICA FLOR MÁGICA NASCIA NA FLORESTA, E O UNICÓRNIO QUE A ENCONTRASSE SERIA PRESENTEADO COM UMA NOVA VIRTUDE.

OS DRAGÕES LUA E SOL ERAM OS RESPONSÁVEIS POR OFERECER A NOVA VIRTUDE AO GRANDE VENCEDOR.

APOLO ACORDOU ANIMADO PARA A COMPETIÇÃO. "ESTOU PRONTO PARA ESTA CAÇADA!", DISSE O UNICÓRNIO, TODO EMPOLGADO.

“NINGUÉM TEM O FARO COMO O MEU!”, DISSE ESMERALDA, QUE TAMBÉM MAL VIA A HORA DE A COMPETIÇÃO COMEÇAR.

CRISTAL TAMBÉM ESTAVA PRONTA PARA O DESAFIO. “SINTO QUE ESTE DIA VAI SER ESPECIAL!”, DISSE ELA AOS AMIGOS.

PLUTÃO ACORDOU ATRASADO E CHEGOU CORRENDO, MAS SE ATRAPALHOU E SAIU ESCORREGANDO PELA GRAMA!

DIAMANTE CAIU NA GARGALHADA AO VER A TRAPALHADA DO UNICÓRNIO!

“ESTÃO TODOS PRONTOS? QUE O JOGO COMECE!”, DECLAROU LUA.

APOLO FOI O PRIMEIRO A CORRER PARA A FLORESTA.
“VOU SER O MAIS RÁPIDO”, AVISOU O UNICÓRNIO.

ZANY SAIU LOGO ATRÁS DO AMIGO.
"EI, ESPERE POR MIM!", ELE PEDIU.

"VOU TOMAR CUIDADO PARA NÃO PERDER O MEU BELO COLAR", PREOCUPOU-SE ESMERALDA. ELA É MUITO VAIDOSA!

"ONDE ESTÃO TODOS?", PERGUNTOU DIAMANTE, QUE VIVE COM A CABEÇA NO MUNDO DA LUA!

**VEJA! CRISTAL ENCONTROU A FLOR MÁGICA.
ELA FOI A GRANDE VENCEDORA!**

COMO PRÊMIO, SOL E LUA OFERECERAM A ELA A VIRTUDE DA SABEDORIA.

MAS CRISTAL PERCEBEU QUE TODOS OS UNICÓRNIOS MERECIAM VENCER. E DECIDIU DIVIDIR SUA VIRTUDE COM OS AMIGOS! AQUELE FOI UM DIA MUITO ESPECIAL NA FLORESTA ENCANTADA!